Searchlight BOOKS™ en español

¿Qué son las fuentes de energía?

Aprender sobre

la energía eólica

Matt Doeden

ediciones Lerner
Mineápolis

ediciones Lerner
Una división de Lerner Publishing Group, Inc.
241 First Avenue North
Mineápolis, MN 55401, EE. UU.

Si desea averiguar acerca de niveles de lectura y para obtener más información, favor consultar este título en www.lernerbooks.com.

Texto principal configurado en Adrianna Regular 13/20
Tipografía proporcionada por Chank

Library of Congress Cataloging-in-Publication Data

The Cataloging-in-Publication Data for *Aprender sobre la energía eólica* is on file at the
    Library of Congress.
ISBN 978-1-7284-7435-9 (lib. bdg.)
ISBN 978-1-7284-7479-3 (pbk.)
ISBN 978-1-7284-7480-9 (eb pdf)

Fabricado en los Estados Unidos de América
1-52031-50544-12/17/2021

Contenido

Capítulo 1

¿QUÉ ES LA ENERGÍA EÓLICA?

Imagínate volar una cometa en un día ventoso. La cometa vuela] por encima tuyo en el cielo. Se sumerge, trepa y se lanza como una flecha. Tira con fuerza de la cuerda. Una ráfaga lo suficientemente fuerte podría incluso arrancar la cometa de la cuerda por completo.

La energía eólica hace que vuelen las cometas. ¿De qué otra manera se puede utilizar la energía eólica?

Cada movimiento de la cometa es resultado de la energía eólica. La misma energía que levanta la cometa se puede utilizar para generar la electricidad que alimenta tu hogar.

Una manga de viento se agita con la brisa.

¿De dónde viene la energía eólica?

El poder del viento viene de la energía cinética. Es la energía que tienen todos los objetos en movimiento. Cuanto más rápido se mueve algo, más energía cinética tiene. Entonces, un viento fuerte tiene mucha más energía que una brisa suave.

Tienes energía cinética cuando corres.

¿Sabías que el sol hace
que sople el viento?

El viento no es más que aire en movimiento. Entonces, ¿de
dónde obtiene el aire toda esta energía cinética? Proviene del sol.

El aire sobre la tierra se calienta más rápido que el aire sobre el agua.

Los rayos del sol calientan el aire cuando llegan a la Tierra. Pero algunas partes del mundo se calientan más que otras. El aire caliente es más ligero que el aire frío. El aire más caliente sube. Luego, un aire frío más pesado ocupa su lugar. ¡Eso es el viento!

¿Dónde encontramos la energía eólica?

Podemos encontrar energía eólica en casi cualquier lugar. Esto se debe a que el viento sopla en todo el mundo. Pero los mejores lugares para encontrar energía eólica son donde el viento sopla casi siempre. Estos lugares incluyen las áreas costeras planas. Allí, los vientos fuertes vienen del océano.

Las costas son buenas para generar energía eólica porque los vientos fuertes vienen del océano.

Los paisajes planos son otro lugar con mucha energía eólica.

Las llanuras planas y abiertas son otro lugar con mucha energía eólica. El viento atraviesa pocos obstáculos mientras corre sobre la llanuras abiertas.

Capítulo 2

RECOLECTAR LA ENERGÍA EÓLICA

La energía eólica se recolecta desde hace miles de años. Los antiguos egipcios utilizaban la energía eólica para mover veleros a lo largo del río Nilo. Esto fue hace unos cinco mil años o incluso antes.

La energía eólica se usa desde la antigüedad. ¿Cómo la usaban los antiguos egipcios?

Esta foto muestra los primeros molinos de viento.

Más tarde, las personas en China y en otras partes del mundo comenzaron a construir molinos de viento. El viento hacía girar las aspas de los molinos de viento. Las aspas giratorias accionaban herramientas como piedras de molino. Estas grandes piedras molían o trituraban los granos.

Los molinos de viento siguieron siendo una forma de recolectar energía eólica en el siglo XX. Algunos aún existen. Pero en la actualidad, tenemos una herramienta más eficiente para recolectar la energía eólica.

Este antiguo molino todavía está en uso.

La turbina eólica

La turbina es la herramienta que usamos actualmente para recolectar energía eólica. Las turbinas pueden producir electricidad a partir del viento.

Hay dos tipos principales de turbinas eólicas Se denominan turbinas de eje horizontal y turbinas de eje vertical. Las turbinas de eje horizontal son las más comunes. Se parecen un poco a los antiguos molinos de viento. Las aspas están unidas a un eje que gira horizontalmente. Las aspas giran verticalmente. Estas turbinas pueden ser muy grandes. Las más grandes miden 122 metros (400 pies) de altura o más.

Estas son turbinas de eje horizontal.

Esta es una turbina de eje vertical.

Las turbinas de eje vertical tienen ejes que se mantienen verticales al suelo. Las aspas giran alrededor de los ejes. Las aspas giratorias se parecen a una batidora.

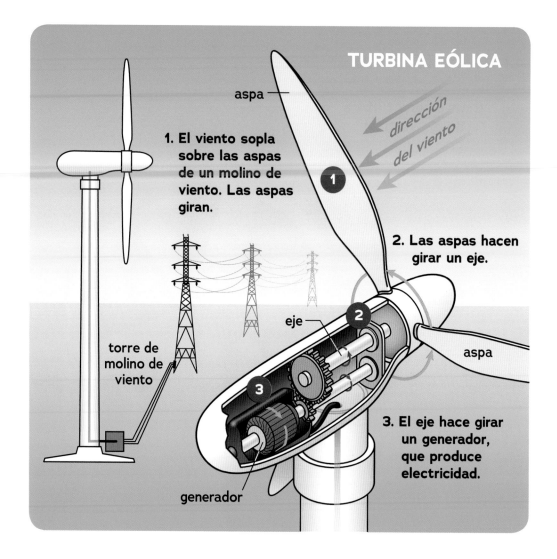

TURBINA EÓLICA

aspa

dirección
del viento

1. El viento sopla
sobre las aspas
de un molino de
viento. Las aspas
giran.

2. Las aspas hacen
girar un eje.

eje

aspa

torre de
molino de
viento

3. El eje hace girar
un generador,
que produce
electricidad.

generador

La idea que sustenta los dos diseños es la misma. El viento empuja las aspas. Las aspas giran. Las aspas giratorias hacen girar un eje. El eje está conectado a un generador. Esta máquina convierte la energía en electricidad.

El parque eólico

Una sola turbina eólica puede proporcionar suficiente electricidad para 350 hogares o más. Eso es mucho. Pero no es suficiente para influir en las necesidades energéticas de una ciudad. Por eso construimos parques eólicos.

Las turbinas giran en un parque eólico cerca de las montañas.

Los parques eólicos son plantas de energía eólica que tienen desde unas pocas turbinas hasta más de cien. Los parques eólicos funcionan mejor en los lugares más ventosos.

Algunos parques eólicos, como este, son grandes. Otros pueden tener solo un par de turbinas.

Las turbinas marinas, como esta, son cada vez más comunes.

En los últimos años, se han instalado más parques eólicos en alta mar. Estos parques eólicos se encuentran en aguas costeras poco profundas. Allí, reciben vientos más fuertes y más confiables. Y no ocupan tierras valiosas.

Este parque eólico suele
llevar electricidad a los edificios.

Los parques eólicos envían la energía directamente a la red eléctrica. La red suministra energía a hogares, empresas y otros lugares que necesitan electricidad.

Pequeños sistemas eólicos

No toda la energía eólica proviene de grandes parques eólicos. Cada vez más personas instalan pequeñas turbinas individuales. Estas turbinas pueden tener un tamaño de apenas 2,1 m (7 pies) de ancho. Estas turbinas pueden producir solo la electricidad suficiente para alimentar una sola vivienda. Los sistemas pequeños son especialmente útiles para las zonas rurales que no están conectadas a la red eléctrica.

¡Puedes tener tu propia turbina eólica para alimentar tu hogar!

Este sistema eléctrico híbrido utiliza energía solar y eólica.

Las pequeñas turbinas eólicas se utilizan a menudo en sistemas eléctricos híbridos. En ellos, las pequeñas turbinas eólicas proporcionan energía a un hogar o negocio junto con otras fuentes de energía. Estas incluyen la energía solar y combustibles fósiles.

Capítulo 3

LAS VENTAJAS Y DESVENTAJAS DE LA ENERGÍA EÓLICA

La mayor parte de la energía del mundo proviene de fuentes no renovables. Estas incluyen combustibles fósiles como carbón, petróleo y gas natural. Una vez que usamos un recurso no renovable, desaparece para siempre.

Este carbón es una fuente de energía no renovable. ¿Cuáles son otras fuentes de energía no renovable?

Pero el viento es un recurso renovable. Mientras el sol brille, el viento seguirá soplando. Sin embargo, el viento no es una fuente de energía perfecta. Tiene muchos puntos buenos. Pero también tiene algunas desventajas.

Los veleros funcionan con el viento en lugar de con gasolina, que está compuesta por petróleo.

El medioambiente

El viento es una de las formas más limpias de producir electricidad. Podemos obtener electricidad del viento sin contaminar el aire. Quemar combustibles fósiles emite mucho dióxido de carbono.

Las centrales eléctricas alimentadas con carbón contaminan el aire.

El cambio climático mundial puede provocar sequías más graves.

La mayoría de los científicos están de acuerdo en que este gas provoca el calentamiento de la Tierra. Demasiado calentamiento podría ser un desastre. Eólica eólicas no emiten dióxido de carbono. Esto las convierte en una excelente manera de ayudar a reducir el cambio climático mundial.

Problemas para la vida silvestre

Los parques eólicos pueden ser un peligro para la vida silvestre. Los parques eólicos se han construido en hábitats de aves y murciélagos. Todos los años, algunos de estos animales mueren cuando chocan contra las turbinas eólicas.

Los pájaros y los murciélagos pueden morir si chocan contra las aspas giratorias de una turbina eólica.

Las turbinas eólicas a veces lastiman a las grullas blancas.

Algunas personas consideran los parques eólicos como una gran amenaza para las especies en peligro de extinción, como la grulla blanca. Pero el trabajo por reducir el número de muertes de aves y murciélagos continúa. Un mejor diseño y ubicación de la turbina ayuda a mejorar esta situación.

Problemas para las personas

Los parques eólicos también pueden molestar a las personas. Algunas personas que viven cerca de parques eólicos dicen que las turbinas estropean la belleza natural de la tierra.

Contaminación visual es un término que se usa cuando un objeto creado por el hombre interfiere con la vista panorámica.

Algunas turbinas eólicas pueden ser ruidosas cuando sus aspas giran rápidamente.

Otro problema es el ruido. Las turbinas giratorias pueden ser ruidosas. Las personas que viven cerca han afirmado sufrir dolores de cabeza y problemas para dormir. Pero hay poca evidencia que vincule estos problemas con las turbinas eólicas.

Límites de la energía eólica

El viento puede producir mucha energía. Pero es limitada.
Los parques eólicos no se pueden construir en cualquier lugar.
Las áreas realmente montañosas o con baches no son muy
buenas para la energía eólica.

La tierra rocosa no es ideal para construir turbinas eólicas.

La mayoría de las turbinas eólicas necesitan que el viento sople al menos 8 millas (13 kilómetros) por hora para funcionar. Las turbinas no generan electricidad si el viento no es lo suficientemente fuerte. Eso hace que la energía eólica no sea confiable.

A veces el viento no sopla. Las turbinas no funcionan en esos días.

Y el viento demasiado fuerte también es un problema. Las turbinas eólicas no pueden funcionar de manera segura con vientos de más de 55 millas (89 km) por hora. Por lo que ni siquiera pueden producir energía durante una tormenta de viento.

Las turbinas eólicas no pueden funcionar durante los huracanes.

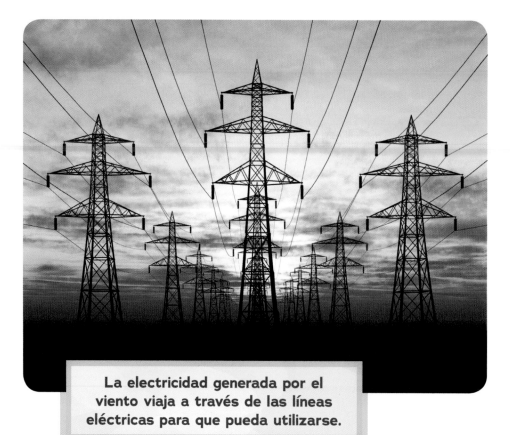

La electricidad generada por el viento viaja a través de las líneas eléctricas para que pueda utilizarse.

Otro problema con la energía eólica es el almacenamiento. Se están desarrollando nuevas formas de almacenarla. Una forma en que puede almacenarse es usándola para cargar baterías para su uso posterior. Pero la mayoría de las veces, se usa de inmediato o se desperdicia.

Capítulo 4

ENERGÍA EÓLICA EN EL FUTURO

La energía eólica es una parte creciente del panorama energético mundial. Eólica eólicas en los Estados Unidos pueden generar suficiente electricidad para abastecer a más de 15 millones de hogares. Y cada año, se construyen más parques eólicos.

Turbinas en lo alto, detrás de estas viviendas. ¿Cuántas viviendas en los Estados Unidos pueden funcionar con turbinas?

Mirando al futuro

No podemos depender de los combustibles fósiles para proporcionar la mayor parte de la energía del mundo para siempre. Algún día serán demasiado escasos y será demasiado costoso recolectarlos. Por eso las fuentes de energía alternativas son tan importantes.

Excavar para obtener combustibles fósiles puede dañar el paisaje. Quemarlos contamina el aire.

La energía eólica puede ser una parte clave de la solución energética mundial. La energía eólica es limpia, abundante y renovable. Sin embargo, tiene sus límites. Por eso es solo una pieza del rompecabezas. Debe funcionar junto con otras fuentes de energía. Estas incluyen la energía solar y la energía hidráulica. Juntas, estas y otras fuentes de energía pueden proporcionar al mundo toda la energía que necesita.

Los paneles solares como estos pueden funcionar junto con las turbinas para generar energía limpia.

Glosario

combustible fósil: un combustible como el carbón, el gas natural o el petróleo que se formó durante millones de años a partir de los restos de plantas y animales muertos

energía cinética: la energía asociada con un objeto en movimiento

especies amenazadas: un tipo de ser vivo que corre el riesgo de extinguirse

fuente de energía alternativa: una fuente de energía distinta a los combustibles fósiles tradicionales

generador: una máquina que convierte la energía mecánica en electricidad

híbrido: que contiene elementos de dos o más cosas

no confiable: que ofrece un rendimiento inconsistente y del que no se puede depender

no renovable: que no se puede reabastecer. Una vez que una forma de energía no renovable se agota, desaparece para siempre.

red eléctrica: un sistema a través del cual se transporta la electricidad a hogares y empresas

renovable: que se puede reabastecer a lo largo del tiempo

turbina: una máquina con paletas que convierte la energía de un fluido o gas en movimiento, como el viento, en energía mecánica